KINDERGARTEN PRINTING PRACTICE LETTERS A-Z

TRACE AND WRITE-YOUR-OWN LETTERS

Erika Burton, BSW

HALV ROUNDTABLE LEARNING

KINDERGARTEN PRINTING
PRACTICE LETTERS A-Z

CREATED BY HALV ROUNDTABLE LEARNING 2025

Kindergarten Printing Practice Worksheet Aa

Kindergarten Printing Practice Worksheet Bb

B B B B B B B

b b b b b b b b

B B B B B B B

b b b b b b b b

B B B

b b b

B B B

b b b

Kindergarten Printing Practice Worksheet Cc

C C C C C C C

C C C C C C C C

C C C C C C C C

C C C C C C C C

C C C

C C C

C C C

C C C

Kindergarten Printing Practice Worksheet Dd

Kindergarten Printing Practice Worksheet Ee

Kindergarten Printing Practice Worksheet Ff

Kindergarten Printing Practice Worksheet Gg

Kindergarten Printing Practice Worksheet Hh

Kindergarten Printing Practice Worksheet Ii

Kindergarten Printing Practice Worksheet Jj

Kindergarten Printing Practice Worksheet Kk

Kindergarten Printing Practice Worksheet Ll

Kindergarten Printing Practice Worksheet Mm

M M M M M M M M

m m m m m m m

M M M M M M M M

m m m m m m m

M M M

m m m

M M M

m m m

Kindergarten Printing Practice Worksheet Nn

N N N N N N N N N

n n n n n n n n

N N N N N N N N N

n n n n n n n n

N N N

n n n

N N N

n n n

Kindergarten Printing Practice Worksheet Oo

Kindergarten Printing Practice Worksheet Pp

P P P P P P P P P

P P P P P P P P P

P P P P P P P P P

P P P P P P P P P

P P P

P P P

P P P

P P P

Kindergarten Printing Practice Worksheet Qq

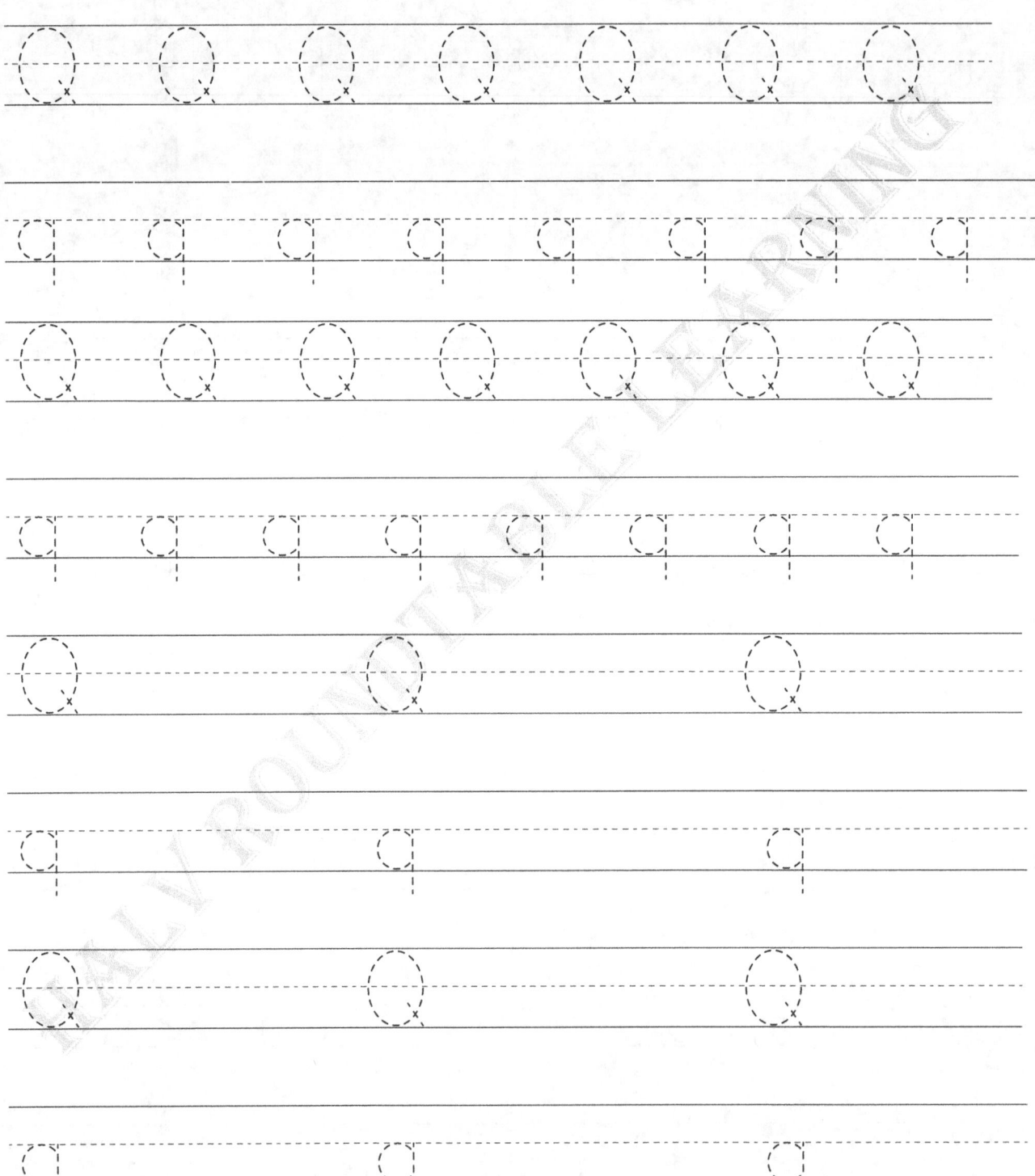

Kindergarten Printing Practice Worksheet Rr

R R R R R R R

r r r r r r r

R R R R R R R

r r r r r r r

R R R

r r r

R R R

r r r

Kindergarten Printing Practice Worksheet Ss

S S S S S S S

s s s s s s s s

S S S S S S S

s s s s s s s s

S   S   S

s   s   s

S   S   S

s   s   s

Kindergarten Printing Practice Worksheet Tt

Kindergarten Printing Practice Worksheet Uu

Kindergarten Printing Practice Worksheet Vv

Kindergarten Printing Practice Worksheet Ww

W   W   W   W   W   W

W   W   W   W   W   W

W   W   W   W   W   W

W   W   W   W   W   W

W   W   W

W   W   W

W   W   W

W   W   W

Kindergarten Printing Practice Worksheet Xx

Kindergarten Printing Practice Worksheet Yy

Kindergarten Printing Practice Worksheet Zz

Kindergarten Printing Practice Worksheet #1 (Letters Aa-Dd)

A A A A A A A A A A A A

a a a a a a a a a a a a

B B B B B B B B B B B B

b b b b b b b b b b b b

C C C C C C C C C C C C

c c c c c c c c c c c c

D D D D D D D D D D D D

d d d d d d d d d d d d

Kindergarten Printing Practice Worksheet #2 (Letters Ee-Hh)

E E E E E E E E E E

e e e e e e e e e e

F F F F F F F F F F

f f f f f f f f f f

G G G G G G G G G G

g g g g g g g g g g

H H H H H H H H H H

h h h h h h h h h h

Kindergarten Printing Practice Worksheet #3 (Letters Ii-Ll)

Kindergarten Printing Practice Worksheet #4 (Letters Mm-Pp)

M M M M M M M M M M

m m m m m m m m m

N N N N N N N N N N

n n n n n n n n n n

O O O O O O O O O O

o o o o o o o o o o

P P P P P P P P P P

p p p p p p p p p p

Name:_____

Date: _____

Kindergarten Printing Practice Worksheet #5 (Letters Qq-Tt)

Q Q Q Q Q Q Q Q Q

q q q q q q q q q q

R R R R R R R R R

r r r r r r r r r r r r

S S S S S S S S S

s s s s s s s s s s s s

T T T T T T T T T

t t t t t t t t t t t t t t

Kindergarten Printing Practice Worksheet #6 (Letters Uu-Xx)

U U U U U U U U U U U

U U U U U U U U U U U

V V V V V V V V V V V

V V V V V V V V V V V

W W W W W W W

W W W W W W W W

X X X X X X X X X X X

X X X X X X X X X X X

Kindergarten Printing Practice Worksheet #7 (Letters Yy-Zz)

Y Y Y Y Y Y Y Y Y Y

y y y y y y y y y y

Z Z Z Z Z Z Z Z Z Z

z z z z z z z z z z

A B C D E F G H I J K L

M N O P Q R S T U V W X

Y Z a b c d e f g h i j k l m n

o p q r s t u v w x y z

Kindergarten Printing Practice Worksheet #8 Uppercase Practice

A A A

B B B

C C C

D D D

E E E

F F F

G G G

H H H

I I

J J J

K K K

L L L

M M M

N N N

O O O

P P P

Q Q Q

R R R _____

S S S _____

T T T _____

U U U _____

V V V _____

W W W _____

X X X _____

Y Y Y _____

Z Z Z _____

Kindergarten Printing Practice Worksheet #10 Lowercase

a a a

b b b

c c c

d d d

e e e

f f f

g g g

h h h

i i i

j j j

k k k

l l l

m m m

n n n

o o o

p p p

q q q

Name:_____

Date: _____

r r r

s s s

t t t

u u u

v v v

w w w

x x x

y y y

z z z

www.ingramcontent.com/pod-product-compliance
Lightning Source LLC
Chambersburg PA
CBHW081307140626
46546CB00022B/3453